RÉPUBLIQUE FRANÇAISE.

MINISTÈRE DE LA GUERRE.

DÉCRET DU 1er MARS 1890

PORTANT RÈGLEMENT SUR LA CONCESSION

DES

CONGÉS ET PERMISSIONS

ET MODÈLES

<table>
<tr><td>PARIS
11, Place Saint-André-des-Arts.</td><td>LIMOGES
46. Nouvelle Route d'Aixe, 46.</td></tr>
</table>

IMPRIMERIE ET LIBRAIRIE MILILAIRES

Henri CHARLES-LAVAUZELLE

Éditeur militaire.

1890

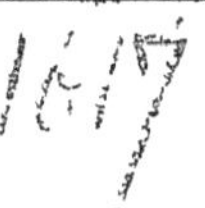

DÉCRET DU 1ᵉʳ MARS 1890

PORTANT RÈGLEMENT SUR LA CONCESSION DES

CONGÉS ET PERMISSIONS

Rapport au Président de la République française, sur la concession des congés et permissions.

Paris, le 1ᵉʳ mars 1890.

Monsieur le Président,

Aux termes de la loi du 15 juillet 1889, sur le recrutement de l'armée (art. 45), la durée du service actif, fixée à trois ans, ne peut être interrompue par des congés, sauf en cas de maladie ou de convalescence, ou en exécution des articles 21, 22, 23 et 46 de ladite loi.

Les dispositions actuellement prévues pour la concession des permissions et des congés ne sont plus applicables, par suite, qu'aux officiers et aux hommes de troupe rengagés, commissionnés ou engagés volontaires pour quatre ou cinq ans.

Elles sont à modifier, en ce qui concerne les autres militaires, pour lesquels les congés à titre de continuation d'etudes, pour affaires personnelles ou pour être détachés dans les compagnies de chemins de fer, n'existent plus.

En outre, l'article 22 de la loi du 15 juillet 1889 a soumis la délivrance des congés de soutien de famille par l'autorité militaire à de nouvelles règles qu'il importe de bien préciser, afin d'éviter toute difficulté dans l'avenir et de mettre les chefs de corps ou de service à même de statuer, en toute connaissance de cause et dans la plénitude de leurs droits, sur les demandes qui leur sont soumises.

Si vous approuvez cette manière de voir, j'ai l'honneur de vous prier de vouloir bien revêtir de votre signature le décret ci-joint, destiné à remplacer celui du 1ᵉʳ décembre 1888.

Veuillez agréer, Monsieur le Président, l'hommage de mon respectueux dévouement.

Le Ministre de la guerre,
Signé : C. DE FREYCINET.

Décret portant règlement sur la concession des congés et permissions.

Paris, le 1ᵉʳ mars 1890.

LE PRÉSIDENT DE LA RÉPUBLIQUE FRANÇAISE,

Vu la loi du 15 juillet 1889, sur le recrutement de l'armée ;
Sur le rapport du Ministre de la guerre,

DÉCRÈTE :

PRINCIPES GÉNÉRAUX.

Art. 1ᵉʳ. Les demandes de permission ou de congé doivent être adressées, par la voie hiérarchique, aux autorités qui ont qualité pour les accorder.

Art. 2. Les militaires en congé ou en permission doivent toujours être porteurs du titre en vertu duquel ils s'absentent ; les hommes de troupe doivent, en outre, être pourvus de leur livret.

Art. 3. Les généraux commandant les subdivisions de région peuvent accorder aux hommes de troupe en permission ou en congé dans l'étendue de leur commandement l'autorisation de se rendre dans des localités autres que celles désignées sur leur titre d'absence.

Ils peuvent également autoriser les militaires de tous grades en instance de prolongation à attendre dans leurs foyers la décision à intervenir de l'autorité supérieure.

Ces autorisations sont inscrites sur le titre d'absence, et l'avis en est donné directement aux chefs de corps ou de service au moyen d'un bulletin indicatif, modèle nº 6.

Art. 4. Les officiers de tous grades et assimilés, en position d'absence, qui désirent changer de résidence, peuvent le faire sans autorisation préalable. Ils sont seulement tenus d'en informer, par écrit, l'autorité militaire supérieure de laquelle ils relèvent normalement, en lui faisant connaître leur nouvelle adresse. Ils sont également tenus de porter eux-mêmes, sur leur titre d'absence, les changements successifs de résidence qu'ils ont pu faire pendant la durée de leur permission ou de leur congé.

Art. 5. Les demandes de permission et de congé des militaires appartenant à des corps de troupe ou services détachés d'une région dans une autre, sont faites à l'autorité locale, qui statue.

Art. 6. Les demandes d'absence au delà de huit jours, faites en faveur des médecins des corps de troupe, doivent porter l'avis du directeur du service de santé, lorsque ces médecins sont, en même temps, chargés du service dans un hôpital.

Art. 7. Les autorités militaires qui concèdent des congés de convalescence et des prolongations de permission ou de congé doivent en informer sans retard, par un bulletin d'avis, modèle n° 1, les chefs de corps ou de service dont relèvent les intéressés.

Des avis sont aussi adressés aux mêmes autorités par les médecins-chefs des hôpitaux, en ce qui concerne les militaires qui entrent à l'hôpital étant en position d'absence.

Art. 8. Les demandes et les titres d'absence sont établis conformément aux modèles n°s 2, 3 et 4.

Art. 9. Les demandes formées par les militaires (hommes de troupe) en permission ou en congé sont transmises au commandant de la subdivision de région par l'intermédiaire du commandant d'armes et, à défaut, par la gendarmerie, à qui les intéressés doivent remettre leurs demandes.

Les officiers adressent directement leurs demandes au général commandant la subdivision.

Art. 10. Les droits, en matière de permission et de congé, des généraux commandant les troupes d'occupation dans les protectorats sont les mêmes que ceux attribués, dans le présent règlement, aux gouverneurs militaires et aux commandants de corps d'armée.

Des congés ou permissions pour aller à l'étranger.

Art. 11. Les congés et les permissions pour aller à l'étranger sont demandés dans les mêmes conditions que pour l'intérieur. Le titulaire de la permission ou du congé doit laisser à son corps ou à son service les moyens de lui faire parvenir toute communication le concernant.

L'uniforme ne peut être porté à l'étranger que sur une autorisation spéciale du Ministre de la guerre (1).

______

(1) Les militaires rentrant en France à la suite d'une absence régulière à l'étranger ne sont plus tenus d'en rendre compte par lettre spéciale au Ministre de la guerre.

Des congés ou permissions accordés aux hommes de troupe pour en jouir dans les départements de la Seine et de Seine-et-Oise.

Art. 12. Il ne peut être accordé de congés ou de permissions, pour en jouir à Paris, dans le département de la Seine et dans celui de Seine-et-Oise, qu'aux hommes de troupe qui justifient y avoir leur famille, ou qui peuvent certifier qu'ils y ont des moyens d'existence.

Art. 13. Les hommes de troupe qui, pour se rendre à leur destination, ont à passer par Paris, ne peuvent y séjourner plus de quarante-huit heures.

Dispositions spéciales aux militaires employés en Afrique ou dans une armée en campagne hors du territoire français.

Art. 14. Les permissions et les congés accordés aux militaires employés en Afrique ou en Corse, ou faisant partie d'une armee active ou d'un rassemblement hors du territoire, ne commencent que du jour du passage de la frontière ou du débarquement.

Ces militaires sont considérés comme rentrés à leur poste s'ils sont rendus à la frontière ou au port d'embarquement au jour fixé pour l'expiration de leur titre d'absence.

Art. 15. Les commandants des corps d'armée sur le territoire desquels se trouvent les ports où debarquent les permissionnaires, peuvent prolonger la durée des permissions ou des congés du nombre de jours nécessaires pour que les titulaires de ces permissions ou congés puissent, lors de leur retour, se mettre en route de manière à n'arriver au port d'embarquement que la veille seulement du jour du départ du premier paquebot partant après l'expiration de la permission ou du congé. La solde acquise pendant ces prolongations est la même que celle dont jouissait le militaire pendant son congé ou sa permission primitive.

Les intéressés doivent, aussitôt après leur débarquement en France, se présenter à la sous-intendance militaire chargée du service de marche ; le sous-intendant militaire est tenu de mentionner, sur le titre dont ils sont porteurs, le jour du départ du paquebot qu'ils auront à prendre pour retourner à leur poste.

Cette mention ne dispense pas les intéressés de demander au commandement la prolongation nécessaire.

Quand, à l'expiration de sa permission ou de son congé, un militaire d'un corps d'outre-mer obtient une prolongation d'absence, l'autorité militaire qui l'accorde doit, en en faisant l'inscription, mentionner à la suite la date à laquelle l'intéressé devra arriver au port d'embarquement.

DES PERMISSIONS.

Art. 16. Il peut être accordé des permissions : avec solde de présence (1) à tous les officiers, aux fonctionnaires assimilés ou employés militaires, aux sous-officiers rengagés ou commissionnés, aux militaires de la gendarmerie et aux hommes de troupe indigènes de tous grades des régiments de spahis algériens ; — sans solde à tous les autres militaires.

Art. 17. Les militaires de tous grades, changeant isolément de résidence, peuvent obtenir, à titre de sursis, des permissions dont la durée ne doit pas dépasser quinze jours, abstraction faite des délais ordinaires de route et de tolérance.

Ces sursis sont accordés dans les mêmes conditions de solde que les autres permissions et par l'autorité militaire du point de départ.

Autorités par qui elles sont accordées.

Art. 18. *Chefs de corps ou de service :*

Aux officiers et assimilés, 15 jours avec solde de présence ; — aux sous-officiers rengagés ou commissionnés, 30 jours avec solde de présence ; — aux autres gradés et aux soldats, 30 jours sans solde.

Généraux de brigade ou directeurs de service assimilés :

Aux chefs de corps ou de service, 8 jours avec solde de présence ; — aux autres officiers et assimilés, 30 jours avec solde de présence.

Généraux de division ou directeurs de service assimilés :

Aux chefs de corps ou de service, 15 jours avec solde de présence.

Gouverneurs militaires et commandants de corps d'armée :

Aux chefs de corps ou de service, 30 jours avec solde de présence.

Art. 19. Les gouverneurs militaires et commandants de corps d'armée peuvent accorder des permissions, dans les limites de trente jours, aux généraux, aux directeurs des services et aux chefs des établissements militaires.

Il est rendu compte hiérarchiquement au Ministre, par bulletin modèle n° 1, des permissions de huit jours et au delà accordées aux officiers ou assimilés visés dans le paragraphe précédent, ainsi qu'aux chefs de corps.

____

(1) Ou indemnité de service pour les officiers retraités des services de la justice militaire, du recrutement et du personnel administratif permanent et soldé de l'armée territoriale.

Art. 20. Ces officiers généraux peuvent aussi accorder, dans les conditions prévues à l'article 11 et dans les limites fixées à l'article 18, les permissions pour aller à l'étranger, sous certaines réserves qui font l'objet d'une instruction spéciale.

Dispositions spéciales aux écoles.

Art. 21. Les commandants de l'Ecole supérieure de guerre, de l'Ecole polytechnique, de l'Ecole spéciale militaire, du Prytanée militaire, de l'Ecole d'application de l'artillerie et du génie, de l'Ecole d'application de cavalerie, de l'Ecole militaire d'infanterie, de l'Ecole militaire de l'artillerie et du génie, de l'Ecole d'application de médecine et de pharmacie militaires, de l'Ecole du service de santé militaire, de l'Ecole d'administration, peuvent accorder des permissions ne dépassant pas trente jours, avec solde de présence, aux officiers et aux sous-officiers rengagés ou commissionnés sous leurs ordres. Pour tous les autres militaires employés dans l'Ecole, les permissions sont toujours sans solde.

Art. 22. Les généraux commandant les corps d'armée ou les gouverneurs militaires sur le territoire desquels sont placées les autres écoles (Ecole de gymnastique, Ecole normale et écoles régionales de tir, Ecole centrale de pyrotechnie militaire, écoles d'artillerie, écoles militaires préparatoires), accordent, sur la proposition des commandants de ces écoles, dans les mêmes conditions et sous les mêmes réserves que celles déterminées par les articles 16 et 18 du présent décret, des permissions au personnel militaire relevant de ces écoles, ainsi que des sursis d'arrivée, dans la limite de quinze jours, aux militaires qui ont terminé leurs cours d'instruction dans ces écoles. Les commandants de ces écoles ont, en matière de permissions et vis-à-vis du personnel militaire sous leurs ordres, les droits dévolus par l'article 18 aux chefs de corps ou de service.

Art. 23. Le général gouverneur militaire de Paris peut également accorder des permissions de quinze jours, avec solde de présence, aux officiers venant de suivre des cours ou de subir des examens dans l'étendue de son commandement territorial.

DES PROLONGATIONS DE PERMISSION.

Art. 24. Le droit de prolonger les permissions est réservé aux généraux exerçant un commandement territorial, qui peuvent accorder des prolongations de permission, avec solde de présence ou sans solde, aux militaires de tous grades et de toutes armes en permission sur le territoire sous leurs ordres, dans les conditions déterminées par l'article 16, sous la réserve que la durée totale de l'absence ne dépasse pas les droits conférés à ces officiers généraux par l'article 18.

Art. 25. Tout militaire en permission doit, pour obtenir une prolongation, demander, au préalable, l'assentiment de son chef de corps ou de service. Celui-ci peut donner son autorisation, pourvu que la durée totale de l'absence ne dépasse pas trente jours.

La même autorisation est accordée aux chefs de corps ou de service par l'autorité militaire dont ils relèvent normalement et qui, aux termes de l'article 18, a qualité pour leur accorder une permission équivalente à la durée totale de l'absence.

Art. 26. Dans le cas où la durée de l'absence doit dépasser trente jours, la permission est transformée en congé et les prescriptions relatives aux prolongations de congé deviennent applicables.

DES CONGÉS ET DE LEUR PROLONGATION.

Art. 27. Les absences dont la durée doit dépasser trente jours sont autorisées sous forme de congé.

Art. 28. Le Ministre statue seul sur les demandes de congé formées par les officiers généraux et assimilés, par les chefs de corps, par les directeurs des services, par les chefs des établissements militaires et par les officiers du cadre permanent des écoles visées article 21.

Art. 29. Les congés sont accordés aux autres militaires dans les conditions suivantes :

Des congés pour affaires personnelles et de leur prolongation.

Art. 30. Les congés pour affaires personnelles sont accordés, par délégation du Ministre, dans la limite de trois mois, par les gouverneurs militaires et les généraux commandant les corps d'armée ou les troupes d'occupation dans les protectorats; au delà de trois mois, ils sont accordés par le Ministre.

Il ne peut être délivré de congés de cette nature aux hommes de troupe, sauf à ceux qui sont rengagés ou commissionnés, ou aux engagés volontaires pour plus de trois ans.

Art. 31. Ces mêmes officiers généraux peuvent accorder des congés, sans limite de durée, aux militaires en instance de retraite et qui désirent attendre dans leurs foyers la liquidation de leur pension.

Art. 32. Les congés pour affaires personnelles sont accordés : avec solde d'absence, aux officiers ou assimilés et aux sous-officiers rengagés ou commissionnés; — sans solde, à tous les autres militaires.

Art. 33. Les demandes de prolongation de congé pour affaires personnelles sont adressées, ainsi qu'il est dit art. 9, au général commandant la subdivision territoriale. Après enquête, cet officier général transmet la demande, avec son avis motivé, au gouverneur militaire ou au commandant du corps d'armée dont le militaire relève normalement.

Le gouverneur militaire ou le commandant du corps d'armée statue et signe, s'il y a lieu, le titre de prolongation. Il transmet la demande au Ministre, si la durée totale de l'absence doit excéder la limite des droits qui lui sont conférés par les articles 30 et 31.

Le titre de prolongation ou la notification du refus est adressé au général commandant la subdivision qui a transmis la demande. Celui-ci avise l'intéressé de la décision dont il a été l'objet et lui fait parvenir son titre, s'il y a lieu.

Si la prolongation est accordée, le gouverneur militaire ou le commandant du corps d'armée en avise, par bulletin modèle n° 1, le chef de corps ou de service sous les ordres duquel le militaire intéressé se trouve normalement placé.

Des congés de convalescence et de leur prolongation.

Art. 34. Les généraux de brigade commandant les subdivisions de région statuent, par délégation des commandants de corps d'armée, aussitôt qu'elles leur parviennent, sans attendre l'époque de la visite mensuelle, sur les propositions de congé de convalescence formées en faveur des militaires en résidence sur le territoire de leur commandement.

Art. 35. Ces congés sont accordés dans la limite de trois mois pour les officiers, et de six mois pour les hommes de troupe.

Ils peuvent être prolongés dans les mêmes conditions de durée ; toutefois, les propositions formées en faveur des officiers sont transmises au Ministre, quand elles ont pour effet de porter à plus de six mois la durée totale de l'absence.

Art. 36. Les demandes de congé et de prolongation de congé de convalescence sont appuyées des certificats de visite et de contre-visite délivrés par les médecins traitants et les médecins-chefs des hôpitaux militaires ou hôpitaux mixtes, ou, à leur défaut, par ceux des hospices civils où les militaires postulants sont en traitement ou se font visiter. Dans ce dernier cas, la contre-visite est passée par des médecins militaires des corps de troupe ou, en cas d'impossibilité, par des médecins civils spécialement désignés par le général commandant la subdivision de région.

Si les militaires se trouvent dans une localité où il n'existe ni hôpital militaire ni hospice civil, et qu'ils soient hors d'état d'être transportés, ils joignent à leur demande un certificat du médecin de la localité ou une attestation du maire. Le général commandant la subdivision prescrit à le gendarmerie de s'assurer que les militaires ne peuvent se déplacer ; cette constatation est faite : à l'égard des officiers, par le commandant de l'arrondissement de gendarmerie; à l'égard des hommes de troupe, par le commandant de la brigade.

Art. 37. Les généraux de brigade qui accordent les congés de convalescence peuvent, par délégation des pouvoirs attribués aux généraux commandant les corps d'armée par la décision présidentielle du 11 septembre 1887, accorder, en même temps, la solde de présence pour une durée d'un mois.

La solde de présence, pour une durée plus longue, peut être accordée par les généraux commandant les corps d'armée.

Art. 38. Toute demande tendant à prolonger un congé de cette nature est adressée, ainsi qu'il est dit art. 9, au général commandant la subdivision de région.

Après enquête, cet officier général statue directement, dans les limites fixées par l'article 35, sur les demandes qui lui sont parvenues et signe les titres de prolongation. Il avise l'intéressé de la décision dont il a été l'objet et lui fait parvenir son titre, s'il y a lieu.

Si la prolongation est accordée, il en avise, par bulletin modèle n° 1, le chef de corps ou de service sous les ordres duquel le militaire intéressé se trouve normalement placé.

Des congés à titre de soutien de famille.

Art. 39. Les chefs de corps ou de service sont autorisés à délivrer des congés à titre de soutien de famille aux militaires ayant un an ou deux de présence sous les drapeaux.

Le nombre des congés ainsi accordés ne peut pas dépasser 1 p. 100 après la première année, et 1 p. 100 après la seconde.

Il est calculé d'après l'effectif des hommes de la classe appartenant au corps.

Ces congés sont valables jusqu'à l'époque du passage des titulaires dans la réserve de l'armée active.

Les hommes renvoyés comme soutiens de famille sont rayés de leur corps d'origine et affectés à l'un des corps alimentés par la subdivision de leur domicile.

Aucun titre ne leur est remis; il est simplement fait mention de leur renvoi, sur le livret individuel.

Art. 40. Chaque demande doit comprendre à l'appui :

1° Un relevé des contributions payées par la famille et certifié par le percepteur;

2° Un certificat spécial (n° 5) portant l'avis motivé de trois pères de famille, ainsi que celui du conseil municipal.

Les chefs de corps ou de service examinent les demandes qui leur parviennent et s'assurent que les justifications qui les accompagnent sont régulières au point de vue des règlements.

Ils prennent auprès de la gendarmerie les renseignements qui peuvent leur être utiles pour classer ces demandes suivant leur degré d'urgence.

Les militaires qui sollicitent des congés à titre de soutien de famille doivent posséder une instruction militaire suffisante et n'avoir rien laissé à désirer sous le rapport de la conduite et de la manière de servir.

Art. 41. Les sous-officiers, les caporaux ou brigadiers et les soldats de 1re classe envoyés en congé de soutien de famille n'auront pas à faire la remise de leurs galons.

Des congés pour aller faire usage des eaux.

Art. 42. Ces congés, dont la durée ne peut dépasser deux mois, sont délivrés par les gouverneurs militaires et les généraux commandant les corps d'armée ; les demandes sont accompagnées de certificats de visite individuels spéciaux pour ces sortes de congés.

Art. 43. La solde de présence est allouée pour toutes les journées passées aux eaux et pour les délais de route et de tolérance, aller et retour, que lesdits délais ajoutés à ces journées représentent ou non l'intégralité des congés obtenus. La solde d'absence sera seule allouée pour les journées qui n'auraient pas été passées aux eaux en dehors des délais de route et de tolérance. Les officiers peuvent reporter au retour les délais dont ils n'auraient pas profité pour l'arrivée à l'établissement.

Des congés pour aller à l'étranger.

Art. 44. Les congés pour aller à l'étranger ne sont accordés que par le Ministre, qui en règle les conditions au point de vue de la solde.

DISPOSITIONS SPÉCIALES A LA GENDARMERIE.

Art. 45. Les militaires de la gendarmerie peuvent obtenir des généraux des permissions et des congés dans les mêmes conditions que les militaires des autres armes.

Toutefois, il n'est pas accordé de congé à titre de soutien de famille aux militaires de la gendarmerie.

Art. 46. Les chefs de légion peuvent concéder, en cas d'urgence, des permissions de huit jours, avec solde de présence, aux officiers, sous-officiers, brigadiers et gendarmes sous leurs ordres, à la condition d'en rendre compte, sans délai, au gouverneur militaire ou au général commandant le corps d'armée par un bulletin modèle n° 1.

Art. 47. Le commandant de la compagnie peut accorder des permissions de quatre jours, avec solde de présence, aux sous-officiers, brigadiers et gendarmes placés sous ses ordres. Il en rend compte immédiatement au chef de légion par la voie du rapport journalier.

Art. 48. Le commandant de l'arrondissement peut accorder des permissions de deux jours, avec solde de présence, aux sous-officiers, brigadiers et gendarmes placés sous ses ordres. Il en rend compte immédiatement au commandant de la compagnie par la voie du rapport journalier.

Art. 49. Le nombre des permissions à accorder dans chaque compagnie est limité par le chef de légion.

Art. 50. Les prolongations de permissions et de congés sont accordées aux militaires de la gendarmerie conformément aux règles établies dans le présent décret.

MARINE.

Art. 51. Les dispositions contenues dans le présent décret ne sont pas applicables aux militaires de la marine. Ces militaires restent soumis aux règles tracées par les circulaires qui les concernent spécialement.

ABROGATION DES DISPOSITIONS ANTÉRIEURES.

Art. 52. Toutes les dispositions antérieures contraires au présent décret, notamment le décret du 1er décembre 1888, portant règlement sur la concession des congés et des permissions, sont abrogées.

DISPOSITIONS FINALES.

Art. 53. Le Ministre de la guerre est chargé de l'exécution du présent décret.

Fait à Paris, le 1er mars 1890.

Signé : CARNOT.

Par le Président de la République :
Le Ministre de la guerre,
Signé : C. DE FREYCINET.

ᵉ CORPS D'ARMÉE.
ou
GOUVERNEMENT MILITAIRE
d

ᵉ DIVISION.

ᵒ SUBDIVISION.

PLACE d

Nᵒ

Bulletin indicatif de (1)

MODÈLE Nᵒ 1.

(1) Permission.
ou Congé pour affaires personnelles.
ou Congé de convalescence,
ou Congé a titre de soutien de famille,
ou Congé pour aller faire usage des eaux,
ou Prolongation de permission,
ou Prolongation de congé de .. etc ,
ou Congé pour aller a l'étranger

NOMS et PRÉNOMS.	GRADE.	DATE DE LA DÉCISION par laquelle la permission ou le congé a été accordé.	DURÉE.	LOCALITÉS où le militaire doit en profiter.	AUTORITÉ qui a accordé LE CONGÉ ou la permission.	OBSERVATIONS, (Pour une prolongation. rappeler le titre précédent)

A MM. les membres du Conseil d'administration
du
ou A M. le Ministre de la guerre (*Bureau de l'arme*).

A   , le   189 .
P. O. *Le Chef d'état-major,*

Format. { Hauteur, 0^m,310.
{ Largeur, 0^m,210.

MODÈLE N° 2.

e CORPS D'ARMÉE.
ou
GOUVERNEMENT MILITAIRE
de

Corps {
ou {
service. {

e DIVISION.

e SUBDIVISION.

PLACE d

Demande d'un (1)
en faveur (2)

DURÉE DE L'ABSENCE ou de la prolongation.	LOCALITÉ où le militaire désire se rendre.	OBSERVATIONS et indication des pièces jointes à la demande, quand il y a lieu.
Avis {	du chef de corps ou de service. {	
	du général de brigade ou du directeur du service. {	
	du général de division. {	
	du général commandant le corps d'armée. {	

(1) Permission de..., avec solde, ou sans solde,
   ou prolongation d...
   Congé de..., pour affaires personnelles, ou
   prolongation de...
   Congé de..., à titre de soutien de famille,
   ou prolongation de congé.
   Congé de convalescence de..., ou prolon-
   gation de...
   Congé pour aller faire usage des eaux ther-
   males.
   Congé de... pour aller à l'étranger à...
(2) Nom, prénoms, grade ou emploi, numéro
   matricule, classe, date de la libération.
   Indiquer également si le militaire est ren-
   gagé ou commissionné.
(3) Désigner l'autorité qui décide sur l'objet de
   la demande.

Décision du (3)

A   , le   189 .

Le (3)

MODÈLE Nº 3.

ᵉ CORPS D'ARMÉE.
ou
GOUVERNEMENT MILITAIRE
de
—
ᵉ DIVISION.

ᵒ SUBDIVISION.
—

PLACE d

(1) Permission, congé ou prolongation : en indiquer la nature.
Inscrire en toutes lettres le nombre de jours et la date.
(2) Désigner l'autorité
(3) Porter les nom, prénoms, grade ou emploi de l'officier.
(4) Spécifier si c'est avec solde de présence ou avec solde d'absence.
(5) Porter la localité où l'officier doit se rendre immédiatement, en indiquant, à la suite, le département et, s'il y a lieu, le canton

—

Vu et inscrit au contrôle ·

Le Major,

Numéro d'inscription au registre spécial :

Corps {
ou service. {
—

(1)   DE (1)   JOURS
Valable jusqu'au (1)   *inclus.*

OFFICIER.
—

En vertu du décret du 1ᵉʳ mars 1890,
le (2)
accorde à M. (3)
un (1)   de (1)   jours avec solde de (4)
valable jusqu'au (1)   18   inclus,
pour se rendre à (5)

M.   devra avoir rejoint
son poste à l'expiration d   présent (1)   , qui datera
du (1)

Pour les permissions de quatre jours et au-delà, il devra, dès son arrivée dans le lieu où il se rend, faire connaître son adresse et le temps présumé de son séjour : 1º au général commandant la place de Paris, s'il doit résider à Paris ou dans le département de la Seine ; 2º au commandant d'armes, dans toute autre ville de garnison ; 3º à l'officier commandant la gendarmerie de l'arrondissement, s'il n'y a pas de garnison dans le lieu où il doit jouir de sa permission.

Si, pendant le cours de son absence, il vient à changer de résidence, il est tenu aux mêmes formalités. Il doit, en outre, en informer par écrit son chef de corps ou de service.

Il est tenu enfin de porter *lui-même* au verso du présent titre les indications relatives à son changement de résidence.

Il ne pourra se dispenser d'exhiber le présent titre sur la réquisition qui lui en sera faite par la gendarmerie ou, s'il voyage en tenue bourgeoise, par les agents des chemins de fer.

En cas de mobilisation, le porteur du présent titre devra se mettre immédiatement en route pour rejoindre son corps ou son service, sans attendre aucune notification individuelle, à moins qu'il ne soit en congé de convalescence.

A   , le   189 .

Le (2)

Indication des changements successifs de résidence de l'officier pendant la durée de sa permission ou de son congé (1).

NOM DES LOCALITÉS.	DATE de L'ARRIVÉE	DATE du DÉPART.	OBSERVATIONS.

(1) Ces indications sont portées par le titulaire de la permission ou du congé et lui servent, au besoin, de titre pour réclamer le bénéfice du tarif militaire sur les chemins de fer.

Format. { Hauteur, 0ᵐ,340.
{ Largeur, 0ᵐ,210.

Modèle Nº 4.

ᵉ CORPS D'ARMÉE
ou
GOUVERNEMENT MILITAIRE
d

—

ᵉ DIVISION.

—

ᵉ SUBDIVISION.

—

PLACE d

(1) Permission, congé ou prolongation · en indiquer la nature et inscrire en toutes lettres le nombre de jours et la date.
(2) Désigner l'autorité.
(3) Porter les nom, prénoms, grade ou emploi.
(4) Indiquer, à la suite de chaque localité, le département et, s'il y a lieu, le canton

Vu et inscrit au contrôle :

Le Major,

Nº d'inscription au répertoire spécial :

Corps ou service { (1)

de (1)

SOUS-OFFICIER OU SOLDAT.

En vertu du décret du 1er mars 1890, le (2) accorde au sieur (3) de la classe de 18 , libérable du service actif le 18 (rengagé ou commissionné), un (1) , valable jusqu'au (1) 189 inclus pour aller à (4)

Il devra avoir rejoint son poste à l'expiration d présent (1) qui datera du 189 .

Le porteur devra, à son arrivée dans le lieu où il se rend, faire viser l présent (1) et faire connaître son adresse : 1º au général commandant la place de Paris, s'il doit résider à Paris ou dans le département de la Seine ; 2º au commandant d'armes, dans toute autre ville de garnison ; 3º au commandant de la brigade de gendarmerie dont dépend sa résidence, s'il n'y a pas de garnison au lieu où il doit jouir de son congé ou de sa permission.

Il se présente à la même autorité la veille de son départ pour rejoindre son corps.

Le visa de la gendarmerie n'est pas exigé sur les titres de permission dont la durée ne dépasse pas quatre jours.

En cas de mobilisation, le porteur du présent titre devra se mettre immédiatement en route, sans attendre aucune notification individuelle, et rejoindre son corps. Dans ce cas, il pourra être astreint à payer demi-place sur les chemins de fer : le prix du voyage lui sera d'ailleurs remboursé à sa rentrée au corps. Les militaires en congé de convalescence ne rejoignent qu'à l'expiration de ce congé.

A , le 189 .

Le (2)

Cartouches qui ne seront remplis par les corps que pour les absences d'une durée égale ou supérieure à huit jours.—

PROCÈS-VERBAL DE LA REMISE DE L'ORDRE DE RAPPEL	ORDRE DE RAPPEL
Aujourd'hui 189 , nous soussigné, gendarme a la résidence d . agissant en vertu de l'ordre du Ministre de la guerre, en date du . avons notifié un ordre de rappel au nommé , au ᵉ régiment d , en a , rue , nº , parlant a , qui a déclaré . Cet ordre prescrit au nommé de rejoindre son corps dans les quarante-huit heures qui suivront la présente notification Et afin que le susnommé n'en ignore, nous lui avons laissé l'ordre de rappel. Dont acte, a , le 189 . *Le Gendarme,*	En exécution des ordres du Ministre de la guerre en date du , il est ordonné au nommé (3) au ᵉ régiment de , en (1) , à , rue , nº . département d . de se mettre en route immédiatement pour rejoindre son corps a Il devra y être rendu dans les quarante-huit heures qui suivront la remise du présent ordre, sous peine d'être recherché et reconduit par la gendarmerie, et sans préjudice des poursuites ultérieures prévues par les articles 230 et 231 du Code de justice militaire *Le Chef de corps,*

L'ordre de rappel, signé par le chef de corps au moment du départ du titulaire pour se rendre en congé ou en permission, et le procès-verbal de remise sont détachés du titre d'absence au moment où le militaire le fait viser à son arrivée à destination

Dès que l'ordre lui en est donné, la gendarmerie remet à l'intéressé l'ordre de rappel qui le concerne, remplit le procès-verbal de remise et le retourne au corps.

INDICATION DES POINTS PRINCIPAUX	DÉTAIL DES VISA D'ARRIVÉE
DU TRAJET A PARCOURIR TANT A L'ALLER QU'AU RETOUR.	ET DE DÉPART.

Le décompte de la solde du militaire dénommé d'autre part lui a été fait jusqu'au inclus.

Il est porteur des effets détaillés ci-contre.

DÉSIGNATION DES EFFETS.	NOMBRE D'EFFETS.

En conséquence du détail ci-dessus, ce militaire n'aura besoin d'aucun secours pendant sa route pour aller en permission ou en congé et en revenir.

A   , le   189 .

Le Commandant de

CERTIFICAT DE VISITE AU DÉPART.

Le dénommé d'autre part n'est atteint d'aucune maladie contagieuse.

A   , le   189 .

Le Médecin

CANTON d

COMMUNE d

Numéro de tirage :

MODÈLE N° 5.

CERTIFICAT DE POSITION DE FAMILLE

*du nommé   , soldat au   , réclamant
l'envoi en congé à titre de soutien de famille, conformément à
l'article 22 de la loi du 15 juillet 1889.*

POSITION DES ASCENDANTS ET DES FRÈRES ET SŒURS DU RÉCLAMANT.					AVIS MOTIVÉ de trois pères de famille ayant un fils sous les drapeaux ou, à défaut, dans la réserve de l'armée active.
NOMS, PRÉNOMS ET PROFESSION.	Sexe et âge.	Céliba- taire, marié, veuf.	Nombre d'enfants	Infirmités et autres causes qui les empêchent de travailler	
					Nous, soussignés, résidant dans la commune d et jouissant de nos droits civils et politiques, émettons l'avis, sous notre responsa- bilité personnelle, que .... *Signatures :*

— 19 —

AVIS MOTIVÉ DU CONSEIL MUNICIPAL.

L'an mil huit cent   le   , à   heures du   , le conseil municipal de la commune d
s'est réuni à la mairie, sous la présidence de M.   , maire.

Etaient {présents : MM.
{absents : MM.

Les membres présents formant la majorité, le maire déclare la séance ouverte et communique au conseil une demande d'envoi en congé de soutien de famille, formée par le nommé   , jeune soldat de la classe de
Le conseil, après avoir délibéré, émet l'avis
Ainsi fait et délibéré à   les jour, mois et an susdits, et ont signé les membres présents.

Vu pour légalisation
de la signature du maire :
Le Sous-Préfet,

Certifié conforme au registre des délibérations du conseil municipal de la commune
d   et vu pour légalisation de la signature des trois pères de famille
dénommés ci-dessus, qui remplissent les conditions voulues par la loi.

A   , le   189 .

Le Maire,

Format. { Hauteur, 0",210.
{ Largeur, 0",340.

MODÈLE N° 6.

⁰ CORPS D'ARMÉE.
ou
GOUVERNEMENT MILITAIRE
d

⁰ DIVISION.

⁰ SUBDIVISION.

ÉTAT-MAJOR.

*Bulletin indicatif d'autorisation de changement de résidence accordée
à un militaire en (congé de   ou en permission de   ).*

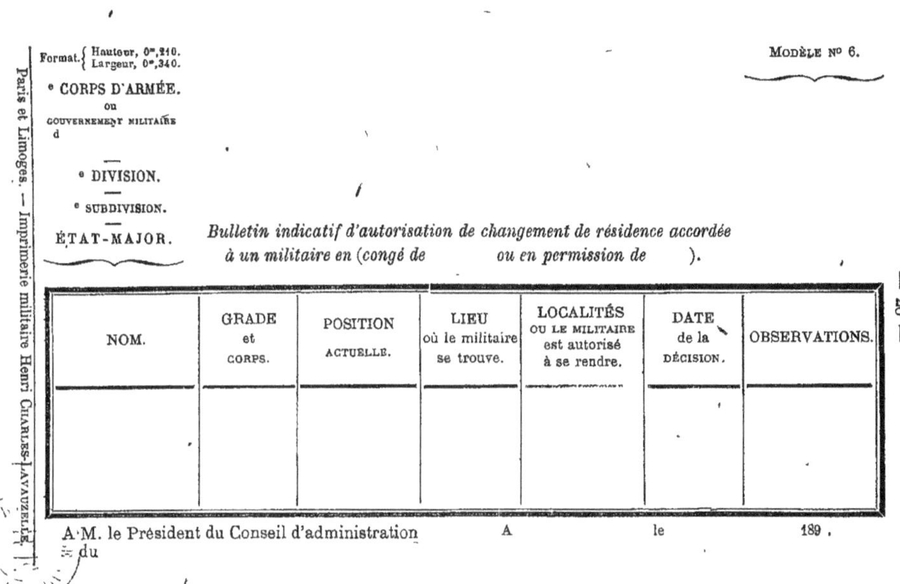

NOM.	GRADE et CORPS.	POSITION ACTUELLE.	LIEU où le militaire se trouve.	LOCALITÉS OU LE MILITAIRE est autorisé à se rendre.	DATE de la DÉCISION.	OBSERVATIONS.

A M. le Président du Conseil d'administration   A   le   189 .
du

Paris et Limoges. — Imprimerie militaire Henri CHARLES-LAVAUZELLE.